CIÊNCIAS

CÉLIA PASSOS

Cursou Pedagogia na Faculdade de Ciências Humanas de Olinda – PE, com licenciaturas em Educação Especial e Orientação Educacional. Professora do Ensino Fundamental e Médio (Magistério), e coordenadora escolar de 1978 a 1990.

ZENEIDE SILVA

Cursou Pedagogia na Universidade Católica de Pernambuco, com licenciatura em Supervisão Escolar. Pós-graduada em Literatura Infantil. Mestra em Formação de Educador pela Universidade Isla, Vila de Nova Gaia, Portugal. Assessora Pedagógica, professora do Ensino Fundamental e supervisora escolar desde 1986.

5ª edição
São Paulo
2022

1.º ANO
ENSINO FUNDAMENTAL

Coleção Eu Gosto Mais
Ciências 1º ano
© IBEP, 2022

Diretor superintendente	Jorge Yunes
Diretora editorial	Célia de Assis
Coordenadora editorial	Viviane Mendes
Editor	Soaria Willnauer
Assistente editorial	Stephanie Paparella, Isabella Mouzinho
Revisores	Daniela Pita, Pamela P. Cabral da Silva
Secretaria editorial e processos	Elza Mizue Hata Fujihara
Assistente de produção gráfica	Marcelo Ribeiro
Departamento de arte	Aline Benitez, Gisele Gonçalves
Iconografia	Ana Cristina Melchert
Ilustração	José Luis Juhas/Ilustra Cartoon, MW Ed. Ilustrações, Lie Kobayashi, M10, Luis Moura.
Projeto gráfico e capa	Aline Benitez
Ilustração da capa	Gisele Libutti
Diagramação	N-Public

DADOS INTERNACIONAIS DE CATALOGAÇÃO NA PUBLICAÇÃO (CIP) DE ACORDO COM ISBD

P289e

Passos, Célia
    Eu gosto m@is: Ciências 1º ano / Célia Passos, Zeneide Silva. – 5. ed. – São Paulo : IBEP – Instituto Brasileiro de Edições Pedagógicas, 2022.
    106 p. : il. ; 20,5cm x 27,5cm. – (Eu gosto m@is)

  ISBN: 978-65-5696-128-6 (aluno)
  ISBN: 978-65-5696-129-3 (professor)

  1. Ensino Fundamental Anos Iniciais. 2. Livro didático. 3. Ciências. I. Silva, Zeneide. II. Título. III. Série.

2022-2420   CDD 372.07
                                                                   CDU 372.4

Elaborado por Odilio Hilario Moreira Junior – CRB-8/9949

Índice para catálogo sistemático:
1. Educação – Ensino fundamental: Livro didático 372.07
2. Educação – Ensino fundamental: Livro didático 372.4

5ª edição – São Paulo – 2022
Todos os direitos reservados

Rua Gomes de Carvalho, 1306, 11º andar, Vila Olímpia
São Paulo – SP – 04547-005 – Brasil – Tel.: (11) 2799-7799
www.editoraibep.com.br

Impreso en Mercurio S. A.
mercurio.com.py | 10595
Asunción - Paraguay

APRESENTAÇÃO

Queremos que esta obra possa acompanhá-los em seu processo de aprendizagem pelo conteúdo atualizado e estimulante que apresenta e pelas propostas de atividades interessantes e bem ilustradas.

Nosso objetivo é que as lições e as atividades possam fazer vocês ampliarem seus conhecimentos e suas habilidades nessa fase de desenvolvimento da vida escolar.

Por meio do conhecimento, podemos contribuir para a construção de uma sociedade mais justa e fraterna: esse é também nosso objetivo ao elaborar esta coleção.

Um grande abraço,

As autoras

SUMÁRIO

LIÇÃO

1 Eu e meu corpo 6
- O corpo humano 7
- Características físicas e personalidade 11

2 Percebendo o ambiente – os órgãos dos sentidos 16
- Os sentidos que percebemos 17
- Sentimentos e emoções 20

3 Alimentação 23
- Os tipos de alimentos 24
- De onde vêm os alimentos 25
- Hábitos alimentares 26

4 Higiene e saúde 31
- Dentição 34
- A higiene do lugar em que vivemos 36

LIÇÃO

5 A natureza **43**
- Os seres vivos 44
- Fases da vida 45
- Elementos não vivos 47
- Importância dos elementos não vivos 48

6 Elementos da natureza **53**
- A água 53
- O solo 54
- O ar 55
- O Sol 56

7 Noite e dia, dia e noite... .... **60**
- As horas do dia 62
- O relógio marca as horas 63
- Dia, noite e o ritmo de vida 64
- O tempo passa e transforma 65
- Semana, mês e ano 66

8 Os materiais que nos cercam **75**
- Do que são feitos os objetos do dia a dia? 76
- Consumo e descarte 81

ALMANAQUE **89**
ADESIVO **101**

EU E MEU CORPO

Observe a tirinha da Magali a seguir.

Mega-Atleta, publicada na revista da *Magali* nº 163, setembro de 1995, Editora Globo.

Como você observou, a Magali está fazendo várias coisas nas cenas representadas na tirinha. Ela corre, sobe e desce de árvores, come a maçã e joga o resto da fruta no lixo.

Para fazer todas essas atividades, a Magali precisou usar muitas partes do seu corpo. Vamos ver quais são elas.

O corpo humano

O corpo dos seres humanos é constituído de partes. Ele pode ser dividido em cabeça, tronco e membros.

Na cabeça encontram-se os olhos, as orelhas, o nariz e a boca. A cabeça se liga ao tronco por meio do pescoço.

O tronco é formado pelo tórax e pelo abdome.

Ao tórax estão ligados os braços, que são os membros superiores.

Ao abdome estão ligadas as pernas, que são os membros inferiores.

Então, os membros são assim formados:
- membros superiores: braços, antebraços e mãos;
- membros inferiores: coxas, pernas e pés.

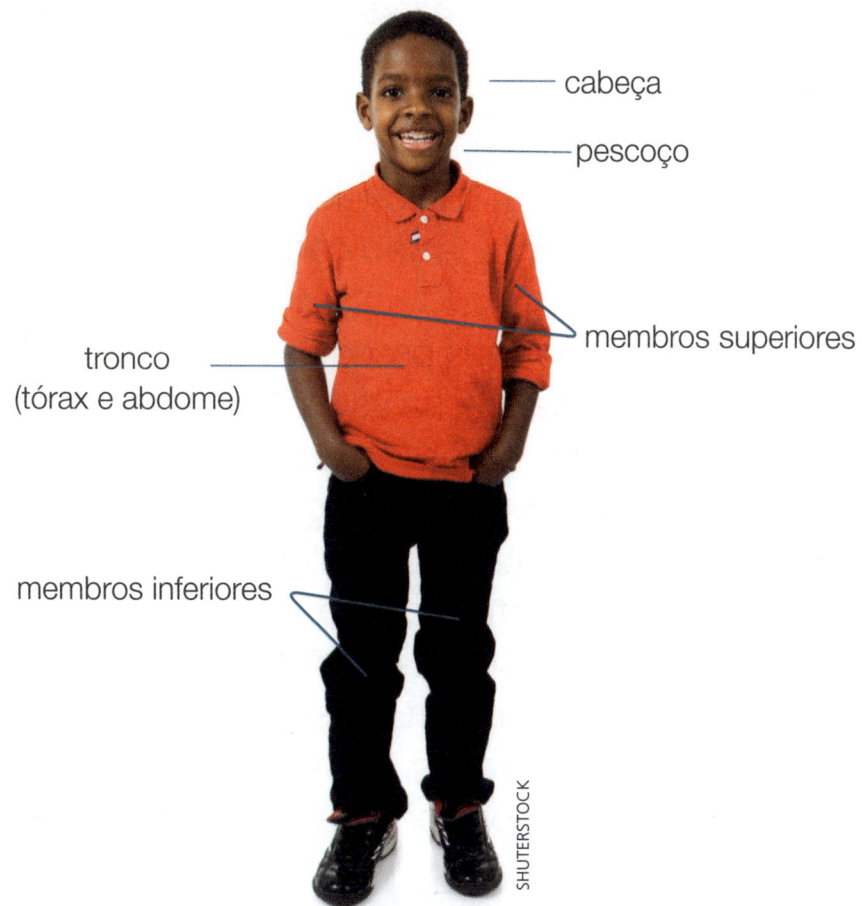

Com o corpo, as pessoas podem realizar diferentes atividades: caminhar, correr, dançar, pensar, ouvir música, comer e estudar.

Nosso corpo tem partes externas e internas.

Quando você se olha no espelho ou observa um amigo ou uma amiga vê as partes externas do corpo, como a pele, a cabeça, os ombros, os braços e as pernas. Mas você não consegue ver as partes internas do corpo, que são chamadas órgãos.

O coração, os pulmões, o estômago e o cérebro são alguns dos órgãos internos do corpo.

Os músculos e os ossos dão movimento e sustentação ao nosso corpo para realizarmos diversas atividades.

Internamente, também temos os ossos, que formam o esqueleto. Os ossos são importantes para dar sustentação ao corpo e ajudar a realizar os movimentos.

Você já percebeu como seus ossos se mexem quando movimenta os pés ou abre e fecha as mãos?

Os **músculos** cobrem os ossos e permitem os movimentos do corpo. A **pele**, por sua vez, protege o corpo.

Na **cabeça** estão os cabelos, os olhos, o nariz, as orelhas e a boca. Dentro da cabeça está o crânio.

O **crânio** é uma caixa óssea que protege o cérebro, órgão que controla todas as atividades importantes para a vida do ser humano.

No **tronco** estão vários órgãos, como o estômago, o fígado, os intestinos e os rins. Protegidos por uma caixa óssea no tronco ficam o coração e os pulmões.

Você pode perceber a presença dessa caixa óssea ao apertar seu peito. Se colocar a mão na barriga, na altura do umbigo, verá que lá não tem essa caixa óssea.

ATIVIDADES

1) Reveja a tirinha da Magali que abriu esta lição. Pinte as partes do corpo que ela usou durante as atividades indicadas a seguir.

A) SUBIR NA ÁRVORE.

B) PEGAR A MAÇÃ.

C) COMER.

D) JOGAR O RESTO DA MAÇÃ NO LIXO.

2 Circule o nome das partes do corpo que ficam na cabeça.

BOCA	MÃOS	PELE	ORELHA
CABELOS	MÚSCULOS	PÉS	OSSOS
COTOVELO	NARIZ	OLHOS	UMBIGO

3 Complete as frases com as palavras do quadro a seguir.

MÚSCULOS   PELE   OSSOS

a) OS _____ SUSTENTAM O CORPO E AJUDAM NOS MOVIMENTOS.

b) A _____ PROTEGE O CORPO.

c) OS _____ COBREM OS OSSOS E PERMITEM OS MOVIMENTOS DO CORPO.

4 Pinte os ☐ de acordo com as legendas.

🟥 CABEÇA   🟦 TRONCO   🟨 MEMBROS

☐ PÉS   ☐ ESTÔMAGO   ☐ PULMÕES

☐ BOCA   ☐ MÃOS   ☐ CORAÇÃO

☐ BRAÇOS   ☐ ORELHAS   ☐ PERNAS

Características físicas e personalidade

Observe as imagens.

As imagens mostram várias pessoas, que são crianças assim como você. No mundo existem muitas pessoas, e nenhuma é exatamente igual à outra. Nem todos têm a mesma cor de pele, a mesma altura, o mesmo tipo de cabelo, o mesmo sorriso. Até as pessoas de uma mesma família são diferentes.

Cada pessoa possui características que lhe são próprias. Observe os colegas de classe; cada um tem um jeito diferente.

As **características físicas** são as que diferenciam visualmente uma pessoa de outra. A cor da pele, o comprimento do cabelo e o formato dos olhos são alguns exemplos de características físicas.

Mas toda pessoa tem um jeito de ser, que advém da personalidade, que é um conjunto de características referentes ao modo de agir, pensar e sentir. Por exemplo, algumas pessoas são tímidas, enquanto outras são mais falantes; algumas gostam de brincadeiras mais agitadas, enquanto outras gostam de brincadeiras mais calmas.

Muitas vezes esse jeito de ser se altera conforme o ambiente em que estamos, se somos bem recebidos em um lugar, se conseguimos nos expressar e nos comunicar com as outras pessoas. Por isso, é muito importante que cada um de nós respeite as pessoas com as quais convivemos.

E o que é respeitar os outros? É não criticar o colega pelo modo como ele é, como se veste, como fala etc. É não colocar apelido, não fazer fofoca, deixar a pessoa falar sem interromper, enfim, atitudes que normalmente você não gostaria que fizessem com você e que vão desagradar a outra pessoa.

ATIVIDADES

1. Desenhe suas características físicas.

2 Identifique o *emoticon* que mais expressa a sua personalidade.

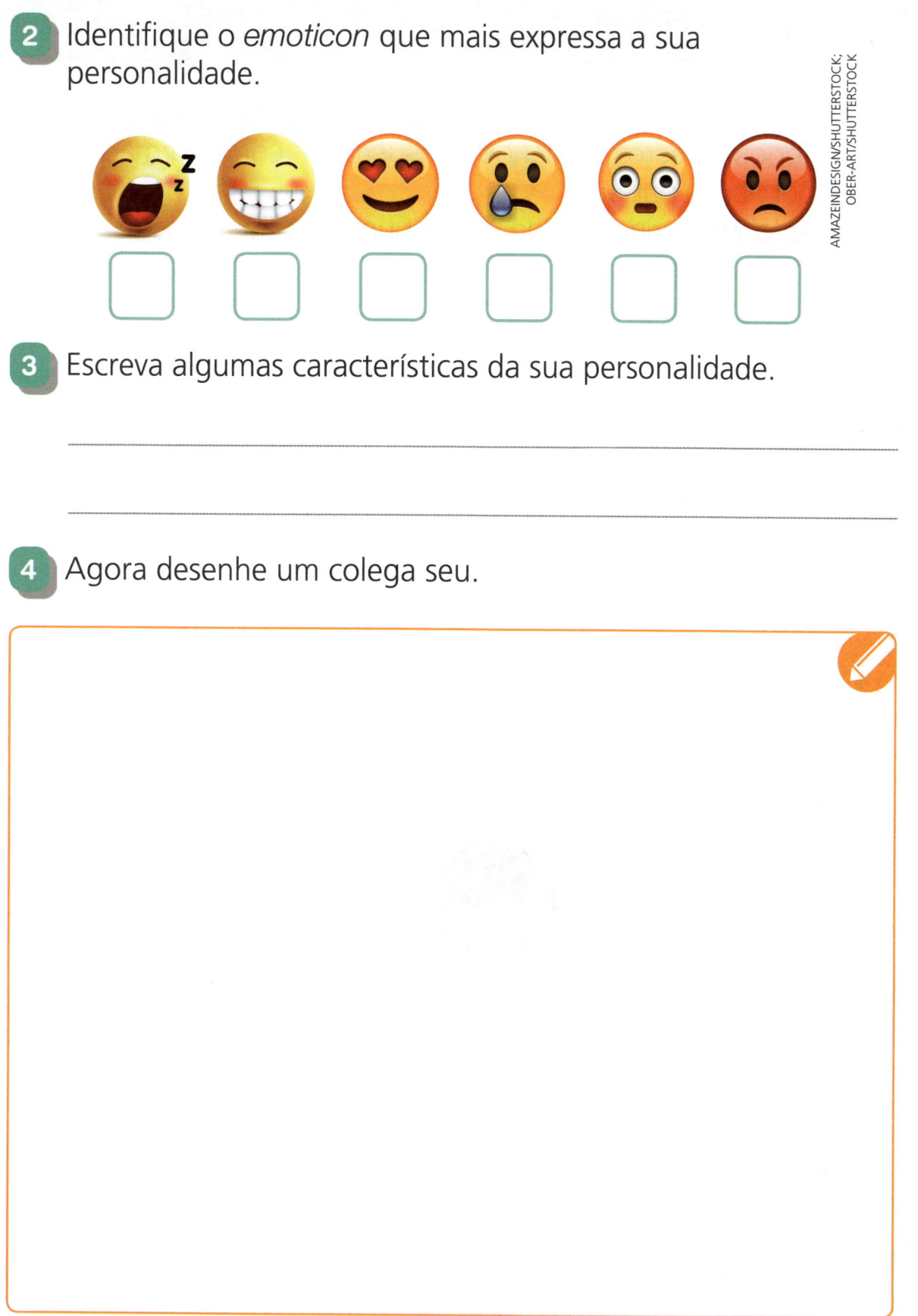

3 Escreva algumas características da sua personalidade.

_____

_____

4 Agora desenhe um colega seu.

EU GOSTO DE APRENDER

Com o professor, leia o que você estudou nesta lição:
- Todos os seres humanos possuem um corpo formado por várias partes.
- As partes principais do corpo humano são cabeça, tronco e membros.
- O corpo também apresenta partes externas e internas.
- As partes externas são a cabeça, os olhos, o nariz e a pele.
- As partes internas são o coração, os ossos e os pulmões.
- Os ossos dão sustentação ao corpo e ajudam nos movimentos.
- Os músculos são responsáveis pelos movimentos do corpo.
- A pele protege o corpo.
- No abdome estão vários órgãos: fígado, estômago, rins etc.

ATIVIDADE

- Vamos identificar cada parte do corpo escrevendo o nome dela nos quadrinhos ao lado da figura.

EU GOSTO DE APRENDER MAIS

Um líquido muito importante

Olhando no espelho você consegue ver muitas partes do seu corpo. Apalpando, consegue sentir a presença dos ossos; colocando a mão no peito, na região do coração, sente que ele faz tum, tum, tum. E na hora daquela fome, dentro da barriga, melhor, na região do abdome, às vezes parece até que tem um leão rugindo no estômago.

Mas tem uma parte do corpo que a gente percebe quando faz um corte na pele. Já adivinhou do que estamos falando?

Quando nos machucamos e cortamos a pele, além da dor danada, escorre aquele sangue vermelho. E todo mundo não vê a hora que ele pare de escorrer.

Isso porque o sangue é um elemento muito importante para o funcionamento do corpo e não se pode perdê-lo. O sangue circula dos pés à cabeça, transportando várias substâncias para o corpo funcionar bem. E sabe quem faz o sangue circular por todo o corpo? É o coração, que, para bombear o sangue, faz o seu tum, tum, tum, que nunca pode parar.

ATIVIDADE COMPLEMENTAR

- Marque um **X** nas frases certas.

☐ Podemos perceber o sangue tocando a pele.

☐ O coração bombeia o sangue para todo o corpo.

☐ O sangue é um líquido.

☐ Quando nos machucamos, podemos perder sangue sem problemas.

15

LIÇÃO 2
PERCEBENDO O AMBIENTE – OS ÓRGÃOS DOS SENTIDOS

Observe as imagens a seguir e identifique o que cada criança está fazendo nelas.

As crianças estão realizando atividades nas quais percebem diversas sensações.

A visão, os cheiros, os sons, os gostos e as sensações que temos, como de calor ou de frio, são percebidos por nosso corpo pelos **órgãos dos sentidos**.

Os órgãos dos sentidos são os olhos, a língua, as orelhas, o nariz e a pele.

Os sentidos que percebemos

Com os olhos, podemos ver. A **visão** é um dos sentidos do ser humano. O sentido da visão nos permite ver as coisas que existem ao nosso redor.

Com as orelhas, podemos ouvir. Elas têm o formato parecido com o de uma concha, que permite captar sons vindos de todas as direções. Ouvimos os sons pelo sentido da **audição**.

O nariz é o órgão do **olfato**. Com o olfato, sentimos o cheiro das flores, dos perfumes, dos alimentos e podemos reconhecer cheiros que indicam perigo, como vazamento de gás, alimentos estragados etc.

A língua é o órgão do **paladar**. Com ela e o olfato, podemos sentir os sabores pelas **papilas gustativas**. A língua identifica quatro tipos de sabores: doce, amargo, salgado e azedo.

A pele reveste o nosso corpo. Com ela, sentimos o quente ou o frio, o duro ou o mole, o liso ou o áspero. Esse é o sentido do **tato**.

Todas as sensações que percebemos com os órgãos dos sentidos são controladas pelo cérebro. É este órgão tão importante do corpo humano que identifica aquilo que vemos, ouvimos, percebemos pelo olfato, sabores e tato.

VOCABULÁRIO

papilas gustativas: pequenas estruturas na língua capazes de identificar os sabores.

É preciso ter cuidado com som em volume muito alto, pois ele pode afetar sua audição.
Evite usar fones de ouvido durante longo período.
É preciso também ter cuidado na hora de limpar as orelhas. Objetos pontiagudos, cotonetes e outros podem ferir a parte interna das suas orelhas.

ATIVIDADES

1 Observe as imagens a seguir e escreva o número correspondente ao principal sentido necessário em cada situação.

1 VISÃO   2 AUDIÇÃO   3 OLFATO

4 PALADAR   5 TATO

2 Observe as imagens das frutas e faça o que se pede.

- Faça um ◯ (círculo) nas frutas doces.
- Faça um ☐ (quadrado) nas frutas azedas.
- Faça um **X** nas frutas de casca lisa.
- Faça um △ (triângulo) nas frutas de casca áspera.

3 Relacione cada órgão do sentido àquilo que ele nos permite fazer.

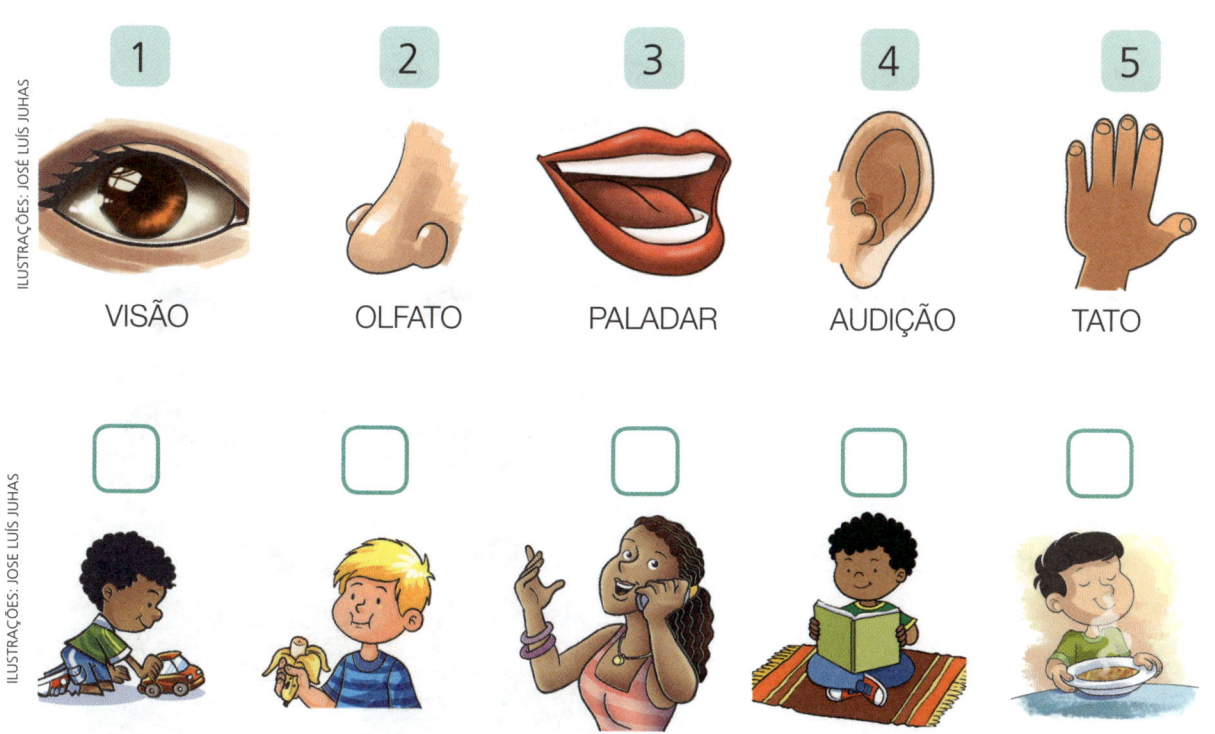

Sentimentos e emoções

Além das sensações que sentimos por meio dos órgãos dos sentidos, nós, seres humanos, temos também sentimentos e emoções.

Alguns acontecimentos ou situações podem nos fazer rir ou chorar. O modo como nos sentimos depende de nossas emoções. Por exemplo, quando alguém lhe dá uma bronca, você pode se sentir com raiva ou triste, e quando alguém lhe conta uma novidade muito boa, você pode se sentir alegre e animado.

ATIVIDADE

- Numere as emoções e os sentimentos expressos nos quadros de acordo com a numeração das palavras correspondentes.

1 ANIMADO

2 FELIZ

3 PREOCUPADO

4 TRISTE

EU GOSTO DE APRENDER

Leia com atenção os itens importantes sobre os sentidos:
- Os sentidos são a visão, a audição, o olfato, o paladar e o tato.
- Os olhos atuam na visão; as orelhas, na audição; o nariz, no olfato; a língua, no paladar; e a pele, no tato.
- Além dos sentidos, temos os sentimentos e as emoções, que podem ser alegria, tristeza, tranquilidade, preocupação, bom humor, mal humor, nervosismo etc.

ATIVIDADES

1. Observe a imagem dos personagens da Turma da Mônica e responda:

    O que o Cebolinha está fazendo?

    MAURICIO DE SOUSA PRODUÇÕES

    _____

    Quais sentidos ele está usando para fazer essa atividade?

    _____

2. Associe as emoções que aparecem na imagem pintando o quadrinho com o nome do personagem com a cor correspondente à emoção.

    🟥 Alegre   🟩 Bravo   🟨 Feliz

    ☐ CEBOLINHA   ☐ MÔNICA

    ☐ CASCÃO   ☐ MAGALI

EU GOSTO DE APRENDER MAIS

"ATRAVESSANDO A RUA

ATRAVESSAR A RUA É UMA VERDADEIRA AVENTURA!
É PRECISO PENSAR EM TANTAS COISAS AO MESMO TEMPO!
PRIMEIRO, PRECISAMOS IR ATÉ A FAIXA DE PEDESTRES, DEPOIS TER PACIÊNCIA E ESPERAR QUE O SEMÁFORO FIQUE VERMELHO PARA OS CARROS E QUE ELES PAREM.
É PRECISO OLHAR PARA TODOS OS LADOS, MAS TAMBÉM TER OUVIDOS AGUÇADOS PARA NÃO SER PEGO DE SURPRESA: ÀS VEZES, PODE-SE OUVIR O BARULHO DE UM CARRO ANTES DE VÊ-LO SE APROXIMAR.
[...]"

FONTE: GIRARDET, SYLVIE. *A PRUDÊNCIA EM PEQUENOS PASSOS*. COMPANHIA EDITORA NACIONAL: SÃO PAULO, 2005.

ATIVIDADES COMPLEMENTARES

1 Assinale os sentidos que precisamos utilizar ao atravessar a rua.

☐ TATO   ☐ PALADAR

☐ VISÃO   ☐ AUDIÇÃO

2 Existe algum perigo em atravessar a rua falando ao celular ou usando o fone de ouvido? Dê sua opinião e converse com os colegas.

☐ SIM   ☐ NÃO

LIÇÃO 3

ALIMENTAÇÃO

Observe a imagem ao lado.

De um ano para outro, às vezes em um período de tempo mais curto, o seu corpo se modifica. É possível observar isso na sua altura, peso e até no crescimento do cabelo e das unhas.

Menino mede sua estatura.

Para que seu corpo cresça, os alimentos são indispensáveis. Eles são importantes também para a nossa saúde.

Devemos comer alimentos saudáveis todos os dias para crescer, ter energia e disposição para realizar nossas atividades, como estudar, brincar e correr.

Você brinca, corre, joga bola, lê, estuda, conversa e faz muitas outras coisas. Para realizar cada uma delas, o corpo precisa de energia.

Essa energia de que precisamos vem dos alimentos que ingerimos.

Você também cresce. Ano a ano seu corpo vai ganhando altura e peso. Também para o crescimento o corpo precisa dos alimentos que consumimos.

Alguns alimentos podem ser consumidos sem preparo, isto é, crus. É o caso das frutas, das verduras e dos legumes. Porém, antes de serem ingeridos crus, eles devem ser muito bem lavados. Outros alimentos precisam de cozimento para serem consumidos, como as carnes, o feijão e o arroz.

Os tipos de alimentos

Os alimentos podem ter origem animal, vegetal e mineral. Veja os exemplos:

Alimentos de origem animal

Carne bovina. Leite. Ovo.

Alimentos de origem vegetal

Maçãs. Cenouras. Repolho.

Alface. Óleo vegetal. Feijão.

Alimentos de origem mineral

Sal. Água.

De onde vêm os alimentos

Alguns alimentos são consumidos sem que grandes transformações sejam necessárias. Eles vêm de hortas, sítios ou fazendas.

Ovos de codorna.

Frutas.

Legumes e verduras.

Outros alimentos são transformados em diferentes produtos nas indústrias. Eles são chamados **alimentos industrializados**.

A linguiça, o presunto e o salame são alimentos derivados da carne de porco.

A manteiga, o queijo e o iogurte são alimentos derivados do leite.

O fubá ou farinha de milho, o óleo de milho e o amido de milho são, como o próprio nome já diz, alimentos derivados do milho.

Existem muitos alimentos que são obtidos pelo processo de industrialização de outros alimentos, como:

- Soja: óleo e margarina.
- Trigo: farinha e pão.
- Cacau: chocolate.
- Uva: suco e geleia.

Hábitos alimentares

Devemos praticar bons hábitos em relação à alimentação, como:
- lavar bem as mãos antes e depois das refeições;
- fazer tanto as refeições principais (café da manhã, almoço e jantar) como os lanches nas horas certas;
- evitar balas, biscoitos e salgadinhos especialmente entre as refeições, pois esses alimentos não são nutritivos, engordam e estragam os dentes;
- comer frutas, legumes, verduras e beber muito suco natural;
- lavar bem as frutas e verduras;
- beber água filtrada ou fervida.

ATIVIDADES

1 Circule os alimentos de origem vegetal e assinale com um **X** os alimentos de origem animal.

2. Pinte os ☐ de acordo com as legendas.

🟩 ALIMENTOS NATURAIS   🟦 ALIMENTOS INDUSTRIALIZADOS

☐ IOGURTE   ☐ CHOCOLATE

☐ TRIGO   ☐ QUEIJO

☐ PRESUNTO   ☐ MEL

☐ BANANA   ☐ REPOLHO

☐ CENOURA   ☐ PEIXE

3. Cite três alimentos que são consumidos cozidos e três alimentos que são consumidos crus.

_____

_____

_____

4. Observe as imagens e responda: Que alimentos os seres humanos obtêm destes animais?

_____   _____   _____

5 Assinale com um **X** as frases verdadeiras.

☐ OS ALIMENTOS DEVEM SER PROTEGIDOS DOS INSETOS.

☐ DEVEMOS NOS ALIMENTAR A QUALQUER HORA DO DIA.

☐ DEVEMOS BEBER ÁGUA FILTRADA OU FERVIDA.

☐ É NECESSÁRIO LAVAR BEM AS MÃOS ANTES E DEPOIS DAS REFEIÇÕES.

☐ DEVEMOS DAR PREFERÊNCIA AOS ALIMENTOS INDUSTRIALIZADOS.

6 Escreva o nome dos alimentos que compõem seu prato preferido.

_____
_____
_____
_____
_____
_____
_____

EU GOSTO DE APRENDER

Acompanhe a leitura do que você aprendeu nesta lição.
- Os alimentos são importantes para o nosso crescimento e nossa saúde.
- Os alimentos podem ter origem animal, vegetal ou mineral.
- Alguns alimentos podem ser consumidos crus; outros precisam ser cozidos. Há alimentos que passam por processo de industrialização antes de serem consumidos.
- Devemos ter bons hábitos alimentares, como: comer alimentos saudáveis todos os dias, lavar bem as mãos antes e depois das refeições e beber água filtrada.

ATIVIDADES

1. Escreva, com suas palavras, o que significa ter uma alimentação saudável e dê exemplos de alguns alimentos que fazem parte dessa alimentação.

   _____

   _____

2. Leia as frases a seguir.
   - Gustavo comeu no almoço arroz, feijão, bife e salada.
   - Maria jantou macarrão e bebeu refrigerante.
   - Tiago comeu no café da manhã biscoito recheado e bebeu um copo de leite.

   Quem você acha que se alimentou melhor? Por quê?

   _____

   _____

EU GOSTO DE APRENDER MAIS

Como conservar os alimentos

Para ter uma alimentação saudável não basta apenas conhecer os nutrientes dos alimentos. É necessário saber também a melhor maneira de conservá-los para que não estraguem. Para isso, é preciso conhecer as condições de temperatura no local de armazenamento, além da data de validade do produto.

Os alimentos não perecíveis, ou seja, que duram muito tempo, não precisam ser guardados na geladeira e podem ser mantidos à temperatura ambiente, como arroz, feijão, óleo, biscoitos, milho enlatado, macarrão.

Os alimentos perecíveis são aqueles que estragam com facilidade e não podem ser armazenados por muito tempo, como carnes de boi, frango ou peixe, ovos, leite, queijo, manteiga, alguns vegetais e frutas maduras. Esses alimentos devem ser mantidos na geladeira ou no congelador.

ATIVIDADE COMPLEMENTAR

- Associe os alimentos ao seu método de conservação adequado.

    1 DESPENSA (TEMPERATURA AMBIENTE)

    2 GELADEIRA   3 CONGELADOR

    ☐ ALFACE   ☐ FEIJÃO   ☐ MANTEIGA
    ☐ LEITE   ☐ OVO   ☐ CARNE DE BOI
    ☐ SORVETE   ☐ BISCOITO   ☐ PEIXE
    ☐ MILHO ENLATADO ☐ ÓLEO   ☐ CARNE DE FRANGO

LIÇÃO 4

HIGIENE E SAÚDE

Observe a seguir as imagens e suas legendas.

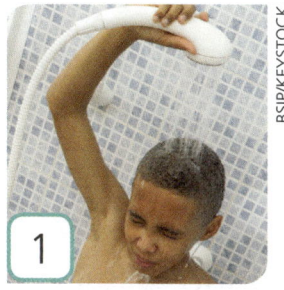

BSIP/KEYSTOCK

1 Tomar banho.

WCKIW/SHUTTERSTOCK

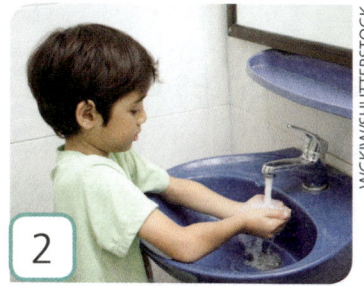

2 Lavar as mãos antes das refeições.

MANDY GODBEHEAR/SHUTTERSTOCK

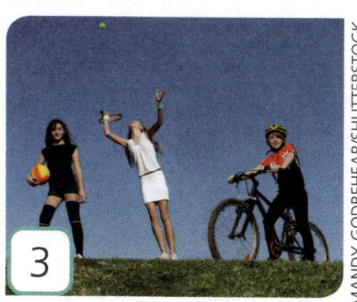

3 Praticar esportes.

ABLESTOCK

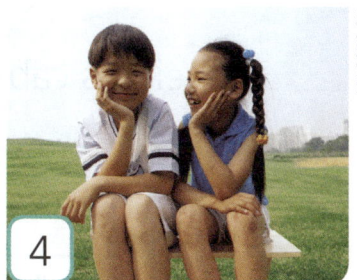

4 Usar roupas limpas e confortáveis.

VERONICA LOURO/SHUTTERSTOCK

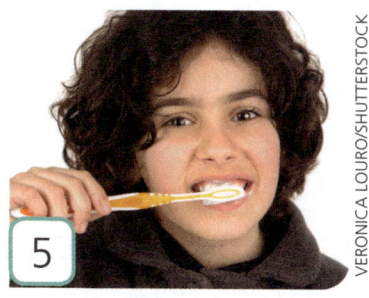

5 Escovar os dentes após as refeições.

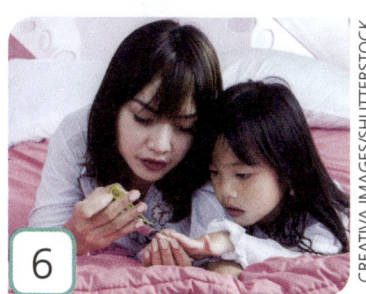

CREATIVA IMAGES/SHUTTERSTOCK

6 Cortar as unhas.

ZURIJETA/SHUTTERSTOCK

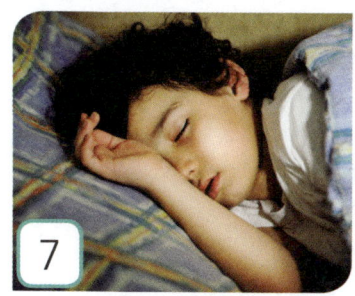

7 Dormir de 8 a 10 horas por noite.

Para ter saúde, devemos cuidar do nosso corpo e da nossa mente.

Manter a higiene, comer alimentos saudáveis, fazer exercícios e dormir o suficiente são fatores importantes para ter saúde.

ATIVIDADES

1 Observe novamente as imagens da página anterior e identifique pelo número delas as que considera importantes.

_____

2 Complete as frases a seguir de acordo com as ilustrações.

a) Escovo meus dentes com a _____

_____.

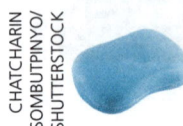
b) Para lavar meu corpo durante o banho, uso o

_____.

c) Com o _____ penteio os cabelos.

d) Corto as unhas com a _____.

3 Pinte apenas os objetos que usamos para fazer a higiene do corpo.

 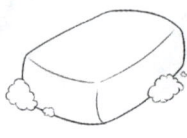 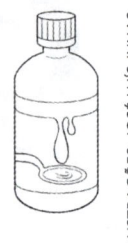

  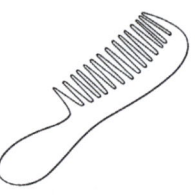

4 Assinale o que você faz para ter boa saúde.

☐ LAVO SEMPRE AS MÃOS ANTES DAS REFEIÇÕES.

☐ ANDO SEMPRE DESCALÇO.

☐ DURMO REGULARMENTE.

☐ FAÇO EXERCÍCIOS FÍSICOS.

☐ NÃO ESCOVO MEUS DENTES.

☐ VOU AO MÉDICO E AO DENTISTA REGULARMENTE.

☐ ALIMENTO-ME BEM.

☐ USO ROUPAS SUJAS.

☐ LAVO AS MÃOS DEPOIS DE USAR O BANHEIRO.

☐ CORTO E LIMPO SEMPRE AS UNHAS.

5 Escreva abaixo da figura qual é o hábito de higiene que a pessoa está praticando.

ILUSTRAÇÕES: JOSÉ LUIS JUHAS

_____   _____   _____

Dentição

A primeira dentição começa a aparecer em torno dos 6 meses de idade. Ela é formada pelos **dentes de leite**.

Por volta dos 3 anos, a criança já tem os 20 dentes de leite igualmente distribuídos nos maxilares superior e inferior.

Quando a criança atinge os 6 ou 7 anos de idade, os dentes de leite começam a cair e são substituídos pelos **dentes permanentes**.

Quando os 32 dentes permanentes tiverem nascido, a dentição estará completa.

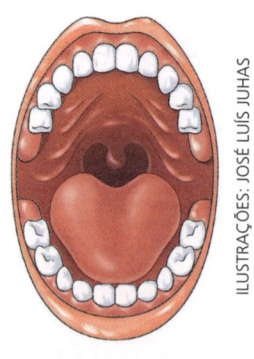
Dentição de leite.

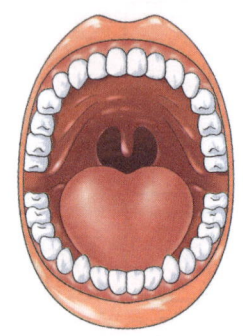
Dentição permanente.

Higiene bucal

Desde cedo, devemos adquirir hábitos de higiene bucal (da boca). Ou seja, devemos cuidar da saúde bucal para que nossos dentes sejam fortes e não tenham cáries.

As cáries são causadas por pequenos seres invisíveis a olho nu, chamados **bactérias**.

Para preveni-las, devemos:
- escovar os dentes após as refeições;
- usar fio dental para remover os resíduos que ficam depositados entre os dentes e entre estes e a gengiva;
- usar creme dental com flúor;
- manter boa alimentação;
- evitar alimentos que contêm muito açúcar, como biscoitos recheados, que, pela consistência pegajosa, facilitam a formação de cáries;
- comer doces com moderação e nunca entre as refeições.

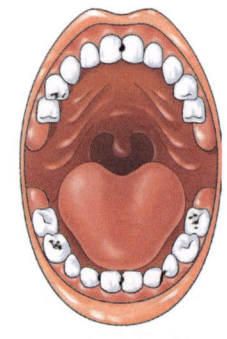
Cáries são buraquinhos ou pontinhos pretos que se formam nos dentes, indicando que estão sendo corroídos.

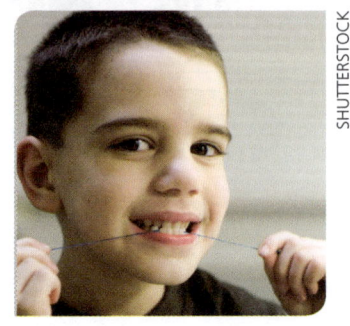

ATIVIDADES

1 Assinale a resposta certa.

a) A primeira dentição tem início por volta dos:

☐ 6 MESES DE IDADE.   ☐ 6 ANOS DE IDADE.

b) A dentição permanente é formada por:

☐ 12 DENTES.   ☐ 32 DENTES.

☐ 20 DENTES.   ☐ 36 DENTES.

2 Complete.

A primeira dentição é formada pelos _____.

A segunda dentição é formada pelos _____.

3 O que são cáries?

_____
_____
_____
_____

4 O que causa as cáries?

_____
_____

A higiene do lugar em que vivemos

A saúde também depende da higiene do lugar em que vivemos.

Todos podem ajudar a tornar limpo o lugar em que vivem, por exemplo, sendo cuidadosos com o lixo. Grande parte do lixo pode ser reciclada, isto é, aproveitada na fabricação de novos produtos. Para isso, ele precisa ser separado por categoria:

VIDRO	PLÁSTICO	METAL

PAPEL	RESTOS DE ALIMENTOS

Os vidros, plásticos, metais e papéis são recicláveis, isto é, são usados para fazer novos vidros, plásticos, metais e papéis. Os restos de alimentos são usados para fazer adubo.

Nunca jogue lixo em vias públicas pela janela do carro ou do ônibus. Espere e jogue-o em um cesto apropriado.

ATIVIDADES

1 Responda marcando com um **X**.

a) Há lixeira na sua escola?

☐ SIM   ☐ NÃO

b) Quando você vê alguém jogando lixo no chão, chama a atenção da pessoa?

☐ SIM   ☐ NÃO

c) Na rua onde você mora, o lixo é coletado diariamente?

☐ SIM   ☐ NÃO

d) É correto jogar lixo pela janela do carro ou do ônibus?

☐ SIM   ☐ NÃO

2 Observe a cena e responda oralmente.

JOSÉ LUIS JUHAS

a) O que a menina está fazendo?
b) Você acha correta a atitude dela? Por quê?
c) O que você diria a ela?
d) Como você agiria?

3 Leve cada lixo para a lixeira correta.

plástico | papel | restos de alimentos | vidro | metal

4 Leia e pinte as cenas corretas em relação ao lixo.

a) Enterrar o lixo (caso não passem os coletores de lixo).

b) Jogar o lixo em um terreno vazio.

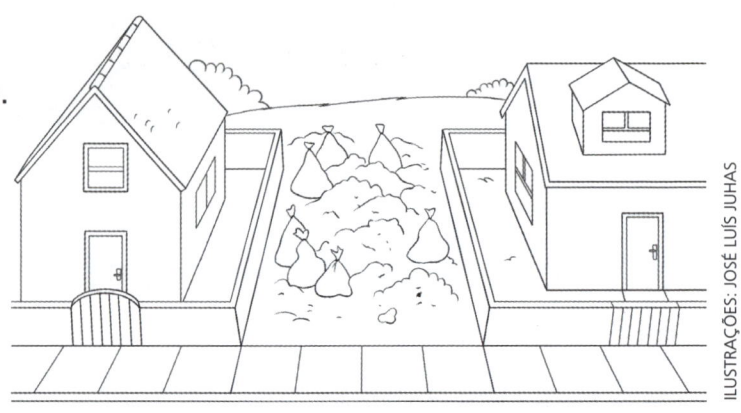

c) Jogar o lixo em córregos e rios.

d) Colocar o lixo em sacos plásticos e fechar bem.

e) Pegar o lixo com as mãos.

f) Colocar fogo no lixo.

ILUSTRAÇÕES: JOSÉ LUIS JUHAS

EU GOSTO DE APRENDER

Leia os itens que você estudou nesta lição.
- Para ter saúde, devemos cuidar do corpo e da mente.
- Manter a higiene, comer alimentos saudáveis, fazer exercícios e dormir bem são fatores importantes para ter saúde.
- Nossa primeira dentição começa a aparecer por volta dos 6 meses de idade. Ela é formada pelos dentes de leite.
- Os dentes de leite começam a cair aos 6 ou 7 anos de idade, quando são substituídos pelos dentes permanentes. A dentição completa tem 32 dentes.
- Desde cedo devemos cuidar da saúde bucal para que nossos dentes sejam fortes e não apresentem cárie.
- A saúde também depende da limpeza e da higiene do local em que vivemos.
- Muitos materiais que são descartados podem ser reciclados.

ATIVIDADES

1 Assinale com um **X** os hábitos de higiene bucal que devemos ter.

☐ ESCOVAR OS DENTES APÓS CADA REFEIÇÃO.

☐ COMER BASTANTE DOCE E GULOSEIMA.

☐ USAR FIO DENTAL REGULARMENTE.

☐ MANTER UMA BOA ALIMENTAÇÃO.

☐ NUNCA IR AO DENTISTA.

2 Responda às questões a seguir.

a) Você escova os dentes após as refeições?

☐ SIM   ☐ NÃO   ☐ ÀS VEZES

b) Você usa fio dental?

☐ SIM   ☐ NÃO   ☐ ÀS VEZES

c) Você vai sempre ao dentista?

☐ SIM   ☐ NÃO   ☐ ÀS VEZES

3 Você cuida ou se preocupa com a limpeza e a higiene do lugar onde vive?

☐ SIM   ☐ NÃO

LEIA MAIS

A higiene – Por que é preciso manter a limpeza o tempo todo?

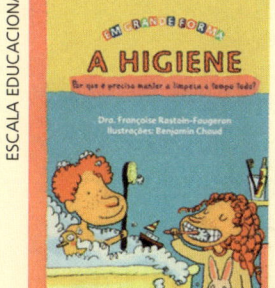

Françoise Rastoin-Faugeron, Benjamin Chaud. Editora Escala Educacional, 2008.

O livro apresenta as razões para as boas práticas de higiene por meio de uma história ficcional. Ainda traz jogos e brincadeiras para deixar a leitura mais divertida.

EU GOSTO DE APRENDER MAIS

Pediculose, doença provocada pelos piolhos

Quando a cabeça coça, coça, coça e nada faz parar, pode ser que a pessoa esteja com pediculose, doença causada pelo piolho.

Os piolhos são insetos que se alimentam de sangue e nunca estão sozinhos. Basta o contato com uma fêmea que lá vem a infestação dos bichinhos, que gostam de lugar escuro, quentinho e úmido para viver, e depositam os ovos nos fios de cabelo.

Não adianta lavar o cabelo, porque os ovos, chamados lêndeas, têm uma espécie de cola que adere fortemente no fio de cabelo.

Para tratar a infestação de piolhos, é preciso usar xampu específico e pentear os cabelos com pente fino para tirar as lêndeas, que não morrem com o xampu.

Para prevenir a infestação, é importante não compartilhar objetos de uso pessoal, como pentes, escovas, fivelas, presilhas, lenços, bonés e tudo que usamos para enfeitar os cabelos.

LEIA MAIS

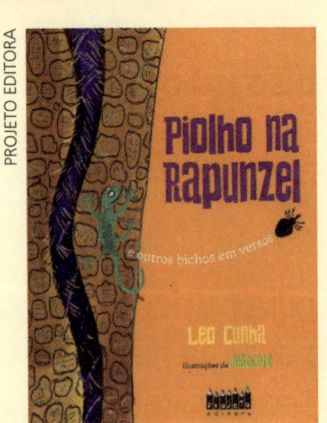

Piolho na Rapunzel

Leo Cunha. Porto Alegre: Projeto Editora, 2013.

Neste livro, o poeta mineiro brinca demais da conta com a bicharada: piolho nas tranças da Rapunzel, *hamster* andando de roda-gigante, barata que pensa que é pião, cobra fofoqueira e, ainda por cima, uma sinfonia de bichos no *zoo*, entre outras surpresas e mistérios.

LIÇÃO 5 — A NATUREZA

Observe a imagem a seguir e identifique os elementos que estão nela.

Paisagem do Pantanal.

Na imagem, encontramos vários elementos:
- luz do Sol;
- água;
- animais;
- vegetais;
- solo;
- rochas.

Todos esses elementos fazem parte do **ambiente**.

Os seres vivos

Os animais e os vegetais são **seres vivos**.

Os seres vivos nascem, alimentam-se, crescem, podem se reproduzir e, por fim, morrem.

O girassol é um ser vivo. Ele nasce, cresce, reproduz-se e morre.

O pato é um ser vivo. Ele nasce, cresce, reproduz-se e morre.

Os **seres humanos** são seres vivos e fazem parte do grupo dos animais. Eles têm a capacidade de realizar várias atividades. Veja algumas delas nas imagens a seguir.

Pensar.

Estudar.

Conversar.

Brincar.

Fases da vida

Todos os seres vivos passam por fases da vida, que podem variar de acordo com cada espécie e com o ambiente em que vivem.

Você já viu o ciclo de vida do girassol e do pato na página 44. Agora, veja as fases da vida do ser humano.

A **infância** tem início com o nascimento e acaba aproximadamente aos 12 anos, quando começa a adolescência.

A **adolescência** é uma fase de muitas mudanças no corpo e nos sentimentos; nela também ocorrem várias descobertas.

Depois da adolescência tem início a fase **adulta**, quando a pessoa já tem personalidade e gostos mais definidos. É nessa fase que o corpo está totalmente formado e maduro para que ocorra a reprodução, e é nela que passamos grande parte de nossas vidas.

No Brasil, **idosos** são as pessoas acima dos 60 anos de idade.

Você sabia que em todas as fases da vida existem direitos assegurados pela legislação para garantir o bem-estar às pessoas? Para as crianças e adolescentes há o Estatuto da Criança e do Adolescente, que assegura o direito à alimentação, à saúde, à educação e prioridade ao socorro e à proteção, além de outros direitos. Para as pessoas acima de 60 anos o Estatuto do Idoso também assegura direitos específicos para garantir uma vida com saúde, bem-estar e dignidade.

ATIVIDADES

1 Relacione as fotos às fases da vida correspondentes.

| ADOLESCENTE | ADULTO | CRIANÇA | IDOSO |

2 Escreva o nome de uma pessoa com a qual você convive que seja:

a) criança: _____

b) adolescente: _____

c) adulta: _____

d) idosa: _____

3 Você está em qual fase da vida?

_____

Elementos não vivos

Os **elementos não vivos** não nascem, não se alimentam, não se reproduzem e não morrem.

Os **minerais** são elementos não vivos, como a água, o solo, as rochas, o carvão e as pedras preciosas.

A água é fundamental para a vida dos animais e vegetais.

A luz do Sol fornece calor e energia para os seres vivos.

As rochas são aglomerados sólidos de minerais.

O solo é importante para a vida de muitas espécies e fonte de nutriente.

VOCABULÁRIO

pedras preciosas: são pedras mais valiosas que as comuns, por apresentarem cores, brilhos, pureza e transparência difíceis de serem encontradas na natureza.

Importância dos elementos não vivos

Os **vegetais** e os **animais** precisam da luz do Sol, da água, do solo e do ar para crescer e se desenvolver. É da natureza que todos os seres vivos retiram seus alimentos e tudo de que precisam para sobreviver.

Os seres humanos transformam os elementos da natureza para viver. Os outros animais, os vegetais e os minerais são usados nessa transformação.

ATIVIDADES

1 Recorte de jornais e revistas figuras de seres vivos e de elementos não vivos e cole-as a seguir.

SERES VIVOS

ELEMENTOS NÃO VIVOS

2 Faça a correspondência de acordo com a numeração das palavras.

| 1 ANIMAL | 2 VEGETAL | 3 MINERAL |

3 Leia a letra da música e responda às questões seguintes.

> AS FLORES JÁ NÃO CRESCEM MAIS,
> ATÉ O ALECRIM MURCHOU,
> O SAPO SE MANDOU,
> O LAMBARI MORREU,
> PORQUE O RIBEIRÃO SECOU!
>
> OH, TRÁ LÁ LÁ LÁ LÁ,
> OH, TRÁ LÁ LÁ LÁ LÁ,
> OH, TRÁ LÁ LÁ LÁ LÁ,
> LÁ OH!
>
> DOMÍNIO PÚBLICO

a) Que seres vivos são citados na letra?

_____

b) Que elemento não vivo é citado na música?

_____

EU GOSTO DE APRENDER

Relembre o que você estudou nesta lição.
- Todos os seres vivos passam por fases da vida.
- Os animais e os vegetais são seres vivos, ou seja, nascem, alimentam-se, crescem, podem se reproduzir e, por fim, morrem.
- Os seres humanos são seres vivos e fazem parte do grupo dos animais. Eles passam por diversas fases da vida: infância, adolescência, fase adulta e velhice.
- A luz do Sol, o solo, a água e as rochas são elementos não vivos que fazem parte do ambiente.
- Os elementos não vivos não nascem, não se alimentam, não se reproduzem e não morrem.
- É da natureza que todos os seres vivos retiram seus alimentos e tudo de que precisam para sobreviver.
- Os seres humanos transformam os elementos da natureza para viver.

ATIVIDADE

- Numere corretamente.

  1 ELEMENTOS NÃO VIVOS ENCONTRADOS NA NATUREZA.

  2 OBJETOS FEITOS PELO SER HUMANO.

EU GOSTO DE APRENDER MAIS

A terceira idade

Houve um tempo em que fazer 40 anos indicava que a pessoa era idosa, mas hoje isso mudou. Muitas pessoas com 40, 50, 60, 70 anos ou mais desenvolvem muitas atividades: trabalham, estudam, exercitam-se, participam da vida da família e da comunidade.

Essa mudança tem permitido que as pessoas com mais idade tenham melhor qualidade de vida e não se sintam tristes pelo abandono da sociedade.

No Brasil, os idosos têm vários direitos, entre eles o de não ser discriminado e o de receber atenção da família e do governo que lhe garanta bem-estar.

ATIVIDADE COMPLEMENTAR

- Você convive com idosos? Que atividades faz com eles?

LEIA MAIS

Meus avós são demais!

Jennifer Moore-Mallinos. São Paulo: Companhia Editora Nacional, 2008.

A maioria das crianças tem grande vínculo afetivo com seus avós. Avós e avôs também se sentem ligados aos netos. Esse livro conta a história carinhosa de uma criança e seus avós.

LIÇÃO 6 — ELEMENTOS DA NATUREZA

A água

Os seres vivos necessitam de **água** para viver. Ela faz parte da natureza e está presente nos oceanos, nos rios, nos lagos, nas lagoas, nas nuvens e também nas geleiras.

A água dos oceanos é salgada e representa a maior porção de água do mundo.

Praia.

Rio.

Geleira.

Lagoa.

Sem água não existiria vida.

O solo

O **solo**, também chamado **terra**, tem grande importância na vida dos seres vivos, pois é dele que retiramos parte dos nossos alimentos.

O solo é composto de pequenas partículas de areia, argila, restos de animais e plantas mortas.

No interior do solo existem pequenos buraquinhos, nos quais ficam armazenados a água e o ar de que as raízes das plantas e outros organismos necessitam para beber e respirar.

No solo vivem muitos animais, como os tatus, as formigas e as minhocas. É nele também que a maioria das plantas se desenvolve.

As plantas protegem o solo com suas raízes, que crescem e se entrelaçam debaixo da terra, criando uma tela natural bastante resistente ao desgaste provocado pela água das chuvas.

Um dos usos do solo é para o cultivo de plantas.

O ar

Embora não vejamos o ar, ele está em toda parte.

Criança brinca com pipa, que é movida pelo vento.

O **ar** é muito importante para a vida dos seres vivos. As pessoas, os animais e as plantas respiram o ar, que é uma mistura de gases. Um dos gases que encontramos no ar é o oxigênio.

Quando o ar está em movimento, é chamado **vento**.

LEIA MAIS

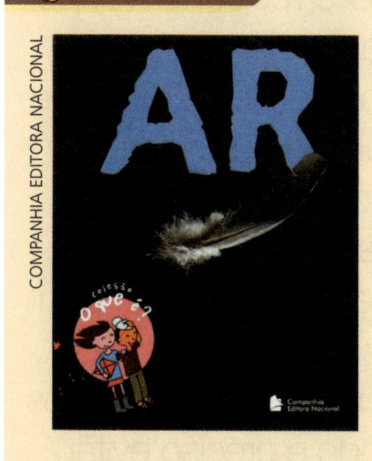

Ar

Philippe Nessman. Ilustrações de Peter Allen. São Paulo: Companhia Editora Nacional, 2006.

O ar é indispensável para a vida. No entanto, ele não pode ser visto nem tocado. Mas o que é ar? Como os balões voam? Os astronautas podem respirar na Lua? Realize as experiências com a Lola e o Simão, e descubra os segredos desse precioso elemento.

O Sol

Observe a imagem a seguir. Além das crianças se balançando, o que você identifica nela?

Crianças brincam em balanço no parque.

Na imagem, a presença da luz solar é bem visível pela sombra das pessoas no chão.

Quem fornece luz e calor para o nosso planeta é o Sol. Sem ele tudo seria frio e escuro, e provavelmente não existiria vida. A presença ou não da luz solar caracteriza o dia e a noite.

As plantas necessitam da luz solar para se desenvolverem.

A exposição moderada ao Sol traz benefícios à saúde, pois o contato da pele com os raios solares ajuda na absorção de vitamina D pelo nosso organismo. A vitamina D é responsável pelo fortalecimento dos ossos e melhora o rendimento do cérebro.

Entretanto, é preciso ter cautela com a exposição prolongada ao Sol. A luz do Sol tem os chamados raios ultravioleta, que agridem a pele quando ficamos muito expostos a eles.

São esses raios os responsáveis por bronzear a pele, causar sardas e pintas e envelhecimento precoce da pele. Podem também causar doenças bem graves.

Entre 10 horas e 16 horas (ou 4 horas da tarde), os efeitos dos raios ultravioleta são mais intensos, por isso nesse período é preciso evitar ficar sob o Sol, protegendo-se em locais fechados ou na sombra.

ATIVIDADES

1 Assinale o nome dos locais nos quais podemos encontrar água.

☐ RIOS ☐ GELEIRAS ☐ NUVENS

☐ SOL ☐ OCEANO ☐ ROCHAS

☐ LAGOS ☐ PEDRAS ☐ SOLO

2 Como é a água dos oceanos?

_____

_____

_____

3 Pinte os elementos que compõem o solo.

| AREIA | NUVEM | RESTOS DE PLANTAS MORTAS | VENTO |

| GELO | RESTOS DE ANIMAIS | SOL | ARGILA |

4 O que é o vento?

_____

_____

_____

5 Encontre no caça-palavras os elementos naturais.

A	T	S	O	L	G	D	F	Á	Z	R
S	M	E	M	P	C	D	O	G	P	G
A	R	Z	T	V	E	G	H	U	L	M
V	U	E	B	E	S	Z	R	A	X	Z
H	J	N	A	G	D	E	S	O	L	O

6 Desenhe o elemento da natureza responsável por transmitir luz e calor aos seres vivos.

EU GOSTO DE APRENDER

Nesta lição, você estudou:
- Os seres vivos necessitam de água para viver. Ela está presente nos oceanos, nos rios, nos lagos, nas lagoas, nas nuvens e também nas geleiras. A água dos oceanos representa a maior porção de água do mundo.
- O solo fornece alimento para muitos seres vivos, e é composto de pequenas partículas de areia, argila, restos de animais e plantas mortas. Nele vivem a maioria das plantas e muitos animais. As raízes das plantas protegem o solo de desgastes causados pelas chuvas.
- O ar está em toda parte e é muito importante para a vida dos seres vivos. As pessoas, os animais e as plantas respiram o ar, que é uma mistura de gases. O ar em movimento é chamado vento.
- O Sol é responsável por fornecer luz e calor para os seres vivos. Sem ele, provavelmente não existiria vida.

ATIVIDADE

- Pense e responda: Como os seres humanos utilizam a água, o solo, o ar e o Sol para sobreviver?

_____

_____

_____

_____

_____

LIÇÃO 7

NOITE E DIA, DIA E NOITE...

Observe as imagens.

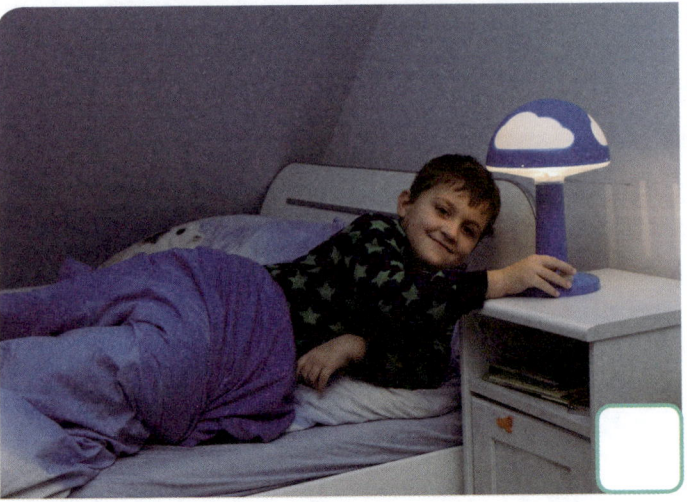

Pelas imagens, você pode observar que as crianças realizam diferentes atividades. Identifique as fotos com as letras que indicam as atividades que estão fazendo.

a) Acordando.

b) Tomando café da manhã.

c) Estudando.

d) Tomando banho.

e) Escovando os dentes.

f) Dormindo.

Cada atividade que as pessoas realizam tem um horário para acontecer. O café da manhã, por exemplo, ocorre logo depois que acordamos. O almoço, no meio do dia, e o jantar, depois que a noite chega.

Como você viu na lição 6, é pela presença da luz solar ou não que sabemos se é dia ou noite.

Em geral, a luz do Sol que chega até nós tem duração de 12 horas. A sua presença marca o que chamamos de dia. Depois escurece e a noite vem. Durante a noite, dependendo das condições climáticas, podemos ver no céu as estrelas e a Lua.

O nosso corpo reage a essas alterações de presença e ausência da luz do Sol. Por exemplo, quando amanhece, em geral, nosso corpo fica desperto e desenvolvemos várias atividades. Quando a noite chega, o corpo muda de comportamento e começamos a ficar com sono, indicando que precisamos dormir.

As horas do dia

O dia está dividido em horas. Veja os horários que Ricardo faz suas atividades nas imagens a seguir.

Cada dia dura 24 horas. Nos relógios os ponteiros mostram até o 12, porque marcamos o tempo em horas do dia (com luz do Sol) e horas da noite. Veja o que os ponteiros marcam nas situações representadas a seguir.

O relógio marca as horas

Para marcar as horas usamos o relógio. Existem vários tipos de relógios, mas os dois mais comuns são o com ponteiros e o digital.

O relógio de ponteiros é chamado analógico, que tem um ponteiro menor que marca as horas e outro maior que marca os minutos.

O relógio digital indica no visor, por meio de números, a hora em que estamos.

Este relógio marca 5 horas, pois o ponteiro pequeno está apontando para o 5 e o grande está no 12.

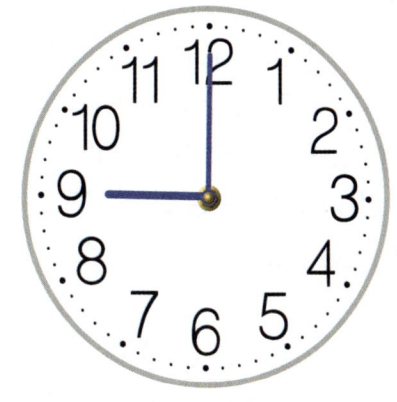

Este relógio marca 9 horas, pois o ponteiro pequeno está apontando para o 9 e o grande está no 12.

O relógio digital indica 5 horas.

O relógio digital indica 9 horas.

Dia, noite e o ritmo de vida

Por que as borboletas voam de dia e as mariposas à noite? Por que a flor onze-horas abre geralmente por volta desse horário?

Todos os seres vivos têm um relógio dentro deles.

Não é um relógio de verdade, desses que a gente vê sempre. É um mecanismo que faz com que o animal ou a planta perceba a presença ou ausência de luz e outras alterações que ocorrem no ciclo de tempo do Sol iluminando a Terra. Esse mecanismo é chamado relógio biológico e funciona em praticamente todos os seres vivos.

É por isso que as corujas são mais ativas à noite e os passarinhos anunciam a chegada da manhã. Quando um animal desenvolve mais suas atividades à noite, dizemos que é um animal noturno, e, quando a maior parte das atividades ocorre durante o dia, dizemos que é um animal diurno.

Além da coruja e das mariposas, os morcegos, os felinos, os lobos, os gambás e os vaga-lumes são exemplos de animais noturnos.

Os macacos, o bicho-preguiça, muitos peixes, os cavalos e os bois são animais diurnos.

O tempo passa e transforma

Todos os seres vivos se modificam com o passar do tempo, mesmo que a gente não consiga perceber isso.

Veja alguns exemplos:

ILUSTRAÇÕES: LUIS MOURA

Ovo.

Pintinho.

Galinha e galo.

Galinha chocando.

Galinha e pintinhos.

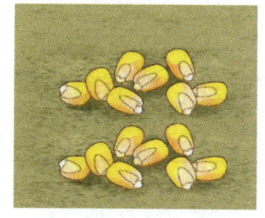

Sementes de milho.

Broto.

Milho em flor.

Formação de espiga.

Espiga e sementes de milho.

Com o passar do tempo os ovos da galinha deram origem aos pintinhos, que cresceram e se tornaram frangos, galos ou galinhas.

A mesma coisa ocorreu com o milho. A semente, depois de ser plantada, precisou germinar, crescer, produzir flores e espigas.

Os seres humanos também se transformam com o passar do tempo. É um processo muito mais longo do que ocorre com a galinha e o milho. Você se lembra de quando era bebê? Quanto tempo passou?

Semana, mês e ano

Além de organizarmos o tempo em horas e dias, podemos organizá-lo em semanas, meses e anos.

A semana é formada por sete dias. Ela começa no domingo e termina no sábado. Os dias da semana são:

DOMINGO	SEGUNDA-FEIRA	TERÇA-FEIRA	QUARTA-FEIRA	QUINTA-FEIRA	SEXTA-FEIRA	SÁBADO

Quase todos os meses têm 30 ou 31 dias, à exceção de fevereiro, que tem 28 ou 29 dias, de quatro em quatro anos. Os meses do ano são doze:

JANEIRO	FEVEREIRO	MARÇO	ABRIL
MAIO	JUNHO	JULHO	AGOSTO
SETEMBRO	OUTUBRO	NOVEMBRO	DEZEMBRO

Podemos organizar os dias, as semanas e os meses em um calendário. Veja a seguir.

2023

JANEIRO	FEVEREIRO	MARÇO	ABRIL
D S T Q Q S S	D S T Q Q S S	D S T Q Q S S	D S T Q Q S S
1 2 3 4 5 6 7	1 2 3 4	1 2 3 4	1
8 9 10 11 12 13 14	5 6 7 8 9 10 11	5 6 7 8 9 10 11	2 3 4 5 6 7 8
15 16 17 18 19 20 21	12 13 14 15 16 17 18	12 13 14 15 16 17 18	9 10 11 12 13 14 15
22 23 24 25 26 27 28	19 20 21 22 23 24 25	19 20 21 22 23 24 25	16 17 18 19 20 21 22
29 30 31	26 27 28	26 27 28 29 30 31	23 24 25 26 27 28 29
			30

MAIO	JUNHO	JULHO	AGOSTO
D S T Q Q S S	D S T Q Q S S	D S T Q Q S S	D S T Q Q S S
1 2 3 4 5 6	1 2 3	1	1 2 3 4 5
7 8 9 10 11 12 13	4 5 6 7 8 9 10	2 3 4 5 6 7 8	6 7 8 9 10 11 12
14 15 16 17 18 19 20	11 12 13 14 15 16 17	9 10 11 12 13 14 15	13 14 15 16 17 18 19
21 22 23 24 25 26 27	18 19 20 21 22 23 24	16 17 18 19 20 21 22	20 21 22 23 24 25 26
28 29 30 31	25 26 27 28 29 30	23 24 25 26 27 28 29	27 28 29 30 31
		30 31	

SETEMBRO	OUTUBRO	NOVEMBRO	DEZEMBRO
D S T Q Q S S	D S T Q Q S S	D S T Q Q S S	D S T Q Q S S
1 2	1 2 3 4 5 6 7	1 2 3 4	1 2
3 4 5 6 7 8 9	8 9 10 11 12 13 14	5 6 7 8 9 10 11	3 4 5 6 7 8 9
10 11 12 13 14 15 16	15 16 17 18 19 20 21	12 13 14 15 16 17 18	10 11 12 13 14 15 16
17 18 19 20 21 22 23	22 23 24 25 26 27 28	19 20 21 22 23 24 25	17 18 19 20 21 22 23
24 25 26 27 28 29 30	29 30 31	26 27 28 29 30	24 25 26 27 28 29 30
			31

Note que no calendário os dias da semana aparecem abreviados:
D = Domingo.
S = Segunda-feira, sexta-feira e sábado.
T = Terça-feira.
Q = Quarta-feira e quinta-feira.

ATIVIDADES

1 Observe as imagens e escreva nos quadrinhos se é DIA ou NOITE.

2 Faça um **X** na imagem que representa o dia e **O** na que representa a noite.

A

B

a) Que elementos representados na imagem **A** permitiram que você concluísse a sua resposta? _____

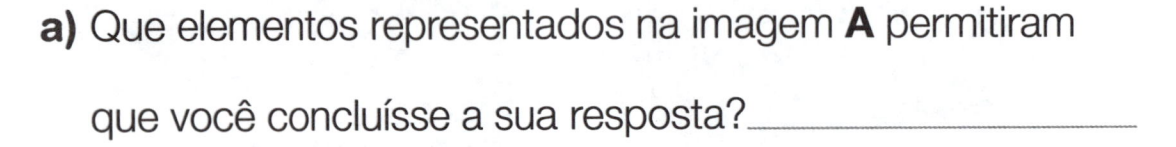

b) Que elementos representados na imagem **B** permitiram que você concluísse a sua resposta? _____

3 Associe as atividades ao período em que você as realiza, indicando o número correspondente.

1. PELA MANHÃ

2. À TARDE

3. À NOITE

☐ VOCÊ VAI À ESCOLA.

☐ VOCÊ TOMA BANHO.

☐ VOCÊ BRINCA.

☐ VOCÊ JANTA.

☐ VOCÊ FAZ SUA LIÇÃO DE CASA.

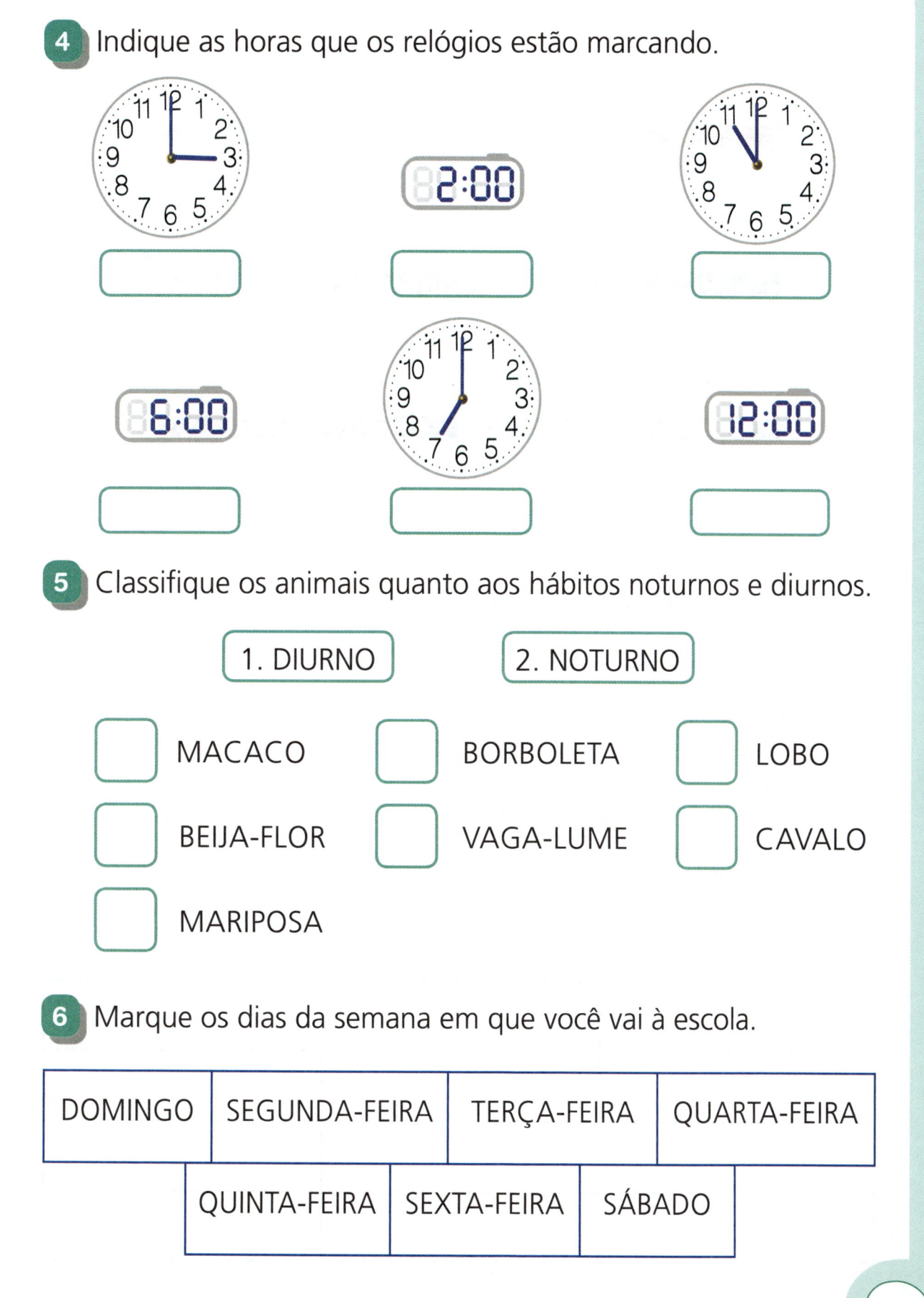

4 Indique as horas que os relógios estão marcando.

3:00   2:00   11:00

6:00   7:00   12:00

5 Classifique os animais quanto aos hábitos noturnos e diurnos.

1. DIURNO   2. NOTURNO

☐ MACACO   ☐ BORBOLETA   ☐ LOBO

☐ BEIJA-FLOR   ☐ VAGA-LUME   ☐ CAVALO

☐ MARIPOSA

6 Marque os dias da semana em que você vai à escola.

DOMINGO	SEGUNDA-FEIRA	TERÇA-FEIRA	QUARTA-FEIRA
	QUINTA-FEIRA	SEXTA-FEIRA	SÁBADO

7 Observe o calendário a seguir e responda às questões.

2023

JANEIRO	FEVEREIRO	MARÇO	ABRIL
D S T Q Q S S	D S T Q Q S S	D S T Q Q S S	D S T Q Q S S
1 2 3 4 5 6 7	1 2 3 4	1 2 3 4	1
8 9 10 11 12 13 14	5 6 7 8 9 10 11	5 6 7 8 9 10 11	2 3 4 5 6 7 8
15 16 17 18 19 20 21	12 13 14 15 16 17 18	12 13 14 15 16 17 18	9 10 11 12 13 14 15
22 23 24 25 26 27 28	19 20 21 22 23 24 25	19 20 21 22 23 24 25	16 17 18 19 20 21 22
29 30 31	26 27 28	26 27 28 29 30 31	23 24 25 26 27 28 29
			30

MAIO	JUNHO	JULHO	AGOSTO
D S T Q Q S S	D S T Q Q S S	D S T Q Q S S	D S T Q Q S S
1 2 3 4 5 6	1 2 3	1	1 2 3 4 5
7 8 9 10 11 12 13	4 5 6 7 8 9 10	2 3 4 5 6 7 8	6 7 8 9 10 11 12
14 15 16 17 18 19 20	11 12 13 14 15 16 17	9 10 11 12 13 14 15	13 14 15 16 17 18 19
21 22 23 24 25 26 27	18 19 20 21 22 23 24	16 17 18 19 20 21 22	20 21 22 23 24 25 26
28 29 30 31	25 26 27 28 29 30	23 24 25 26 27 28 29	27 28 29 30 31
		30 31	

SETEMBRO	OUTUBRO	NOVEMBRO	DEZEMBRO
D S T Q Q S S	D S T Q Q S S	D S T Q Q S S	D S T Q Q S S
1 2	1 2 3 4 5 6 7	1 2 3 4	1 2
3 4 5 6 7 8 9	8 9 10 11 12 13 14	5 6 7 8 9 10 11	3 4 5 6 7 8 9
10 11 12 13 14 15 16	15 16 17 18 19 20 21	12 13 14 15 16 17 18	10 11 12 13 14 15 16
17 18 19 20 21 22 23	22 23 24 25 26 27 28	19 20 21 22 23 24 25	17 18 19 20 21 22 23
24 25 26 27 28 29 30	29 30 31	26 27 28 29 30	24 25 26 27 28 29 30
			31

POR RYAN7/SHUTTERSTOCK

a) Que dia da semana é hoje? _____

b) Circule no calendário o dia e o mês em que estamos.

8 Os meses estão embaralhados. Organize os meses do ano escrevendo nos quadrinhos a sequência correta.

MAIO NOVEMBRO DEZEMBRO JULHO

ABRIL JUNHO AGOSTO FEVEREIRO

OUTUBRO MARÇO JANEIRO SETEMBRO

EU GOSTO DE APRENDER

Nesta lição, você estudou:
- Que a presença da luz do Sol determina o dia e a noite.
- O dia tem 24 horas. Em geral, a luz do Sol permanece em um lugar por 12 horas.
- Nossa rotina ocorre em certos horários do dia.
- Existem animais de hábitos diurnos e noturnos.
- A semana é uma sucessão de 7 dias. Os meses têm em geral 30 ou 31 dias, e um ano tem 12 meses.
- Os dias da semana são: domingo, segunda-feira, terça-feira, quarta-feira, quinta-feira, sexta-feira e sábado. Os meses do ano são: janeiro, fevereiro, março, abril, maio, junho, julho, agosto, setembro, outubro, novembro e dezembro.

ATIVIDADES

1 Indique a seguir o horário aproximado em que você realiza as seguintes atividades:

Ir à escola: _____

Almoçar: _____

Fazer a lição de casa: _____

Brincar: _____

Jantar: _____

Dormir: _____

2 A sua rotina muda no sábado e domingo? Por quê?

_____

_____

_____

_____

3 Desenhe os ponteiros dos relógios para indicar a hora que você acorda, almoça, vai à escola e vai dormir.

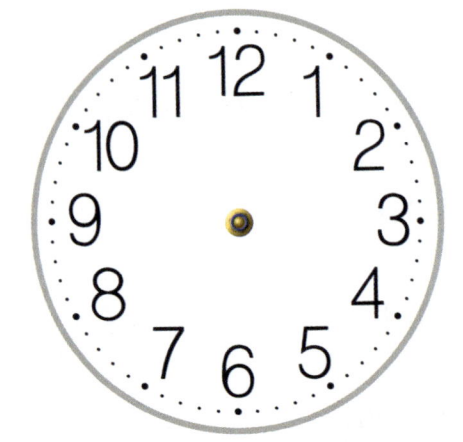

EU GOSTO DE APRENDER MAIS

Observe e leia a tirinha da Magali.

TURMA DA MÔNICA — MAURICIO

BEM DEPOIS...

UFA! TERMINEI!

FIM

1. Quanto tempo você acha que se passou entre a Magali começar a plantar e terminar a tarefa?

☐ ALGUMAS HORAS ☐ UM DIA ☐ UM MÊS ☐ UM ANO

2. Você acha que a Magali vai ter de esperar muito ou pouco tempo para poder comer o que plantou?

☐ MUITO ☐ POUCO

3. Quanto tempo vai levar para a Magali conseguir comer o que plantou?

☐ ALGUMAS HORAS ☐ ALGUNS DIAS

☐ ALGUNS MESES ☐ ALGUNS ANOS

☐ ALGUMAS SEMANAS

4. Você já plantou alguma vez?

☐ SIM ☐ NÃO

5. Se sim, quanto tempo esperou para que a planta crescesse?

☐ ALGUMAS HORAS ☐ ALGUNS DIAS

☐ ALGUMAS SEMANAS ☐ ALGUNS MESES

☐ ALGUNS ANOS

LIÇÃO 8

OS MATERIAIS QUE NOS CERCAM

Observe as imagens.

Do que são feitos os objetos do dia a dia?

Todos os dias você faz uso de objetos semelhantes aos das imagens.

Você já se perguntou do que são feitos?

Os materiais que nos rodeiam são feitos a partir dos elementos retirados da natureza, como o solo e a vegetação.

O vidro, que está presente em vários objetos, é feito da areia retirada do solo misturada com outros materiais.

As peças de cerâmica, como o filtro, são feitas de argila, também extraída do solo.

A panela e outros objetos de metal são produzidos de minérios que são extraídos do solo. Os minérios são transformados em aço, que pode ser usado para fazer uma trave de gol, uma geladeira ou um carro, por exemplo.

Os brinquedos e muitos outros objetos de plástico são produzidos a partir do petróleo, um material existente em locais bem profundos da terra em determinadas regiões do mundo. É do petróleo, por exemplo, que se produz também gasolina, gás de cozinha e óleo diesel.

Lápis, mesas, cadeiras, armários e outros objetos de madeira são feitos de troncos de árvores ou outras partes retiradas dos vegetais.

Extração de minérios para a produção de aço usado na fabricação de vários materiais utilizados pelo ser humano.

Madeira cortada em área de plantio de eucalipto para a produção de papel e outros materiais.

O papel é feito da celulose, que é um material extraído de árvores.

As roupas de vestir, cortinas e toalhas de banho são feitas de tecido. Existem tecidos que vêm de fibras vegetais, como o algodão; tecidos que vêm do casulo do bicho-da-seda; e tecidos sintéticos que são produzidos de derivados de petróleo.

Muitos objetos que usamos são feitos de mais de um material, como um caderno que tem folhas de papel e espiral de metal ou plástico, roupas de tecido que têm botões de metal, plástico e até madeira etc.

Caderno com espiral de metal.

Calça de tecido com botões e enfeites de metal.

Jaqueta de couro com botões e zíperes de metal.

Garrafa de vidro com tampa de plástico e aro de metal.

ATIVIDADES

1 Vamos identificar o principal material de que são feitos alguns objetos que usamos no dia a dia. Cole os adesivos do final do livro nos lugares correspondentes.

VIDRO

MADEIRA

PLÁSTICO

METAL

PAPEL

ARGILA

TECIDO

2 Desenhe alguns objetos que você usa no seu dia a dia e identifique do que são feitos.

Procure desenhar objetos produzidos com diferentes materiais.

3 Agora, dos objetos que você desenhou do seu dia a dia, risque aqueles que você poderia deixar de usar.

Consumo e descarte

Tudo o que consumimos é produzido utilizando-se de materiais que saem da natureza.

O lixo é o principal descarte desses materiais, mas muito deles podem ser reaproveitados para a produção de outros objetos, o que chamamos de **reciclagem**.

Tudo que é de papel pode ser usado para fazer papel novamente. Latas de alumínio viram novas latas. Vidro vira vidro de novo, e o plástico também volta a ser plástico.

O processo de reciclagem começa pela coleta seletiva. Para isso, e só separar os lixos em: papel, plástico, metal e vidro. Com essa atitude, você está dando sua contribuição à natureza. Esses materiais serão reciclados ou reaproveitados na fabricação de novos produtos.

Lixeiras coletoras de lixo para reciclagem. Cada cor e desenho indicam o tipo de lixo que podemos colocar nelas.

ATIVIDADES

1 Responda marcando um **X** no quadrinho correspondente.

a) Na sua casa é feita a separação do lixo para a coleta seletiva?

☐ SIM ☐ NÃO

b) Na sua escola há lixeiras separadas para cada tipo de lixo?

☐ SIM ☐ NÃO

2 Vamos registrar o lixo que produzimos em um dia?

Faça uma lista de tudo o que você descartou em um único dia. A cada atividade, anote o que vira lixo. No dia seguinte, conte e classifique conforme o tipo de material o lixo que você produziu.

MANHÃ	MEIO-DIA

TARDE	NOITE
_____	_____
_____	_____
_____	_____
_____	_____
_____	_____
_____	_____

3 Na sala de aula, com você e os colegas, o professor vai listar os tipos de lixo que cada aluno produziu. Mas, antes, responda às questões a seguir com um **X**.

a) Você imagina que tem mais objetos de que material?

☐ VIDRO ☐ PLÁSTICO ☐ METAL

☐ MADEIRA ☐ PAPEL ☐ CERÂMICA

b) Por que você imagina isso?

_____

_____

c) Ao final da atividade, o que você imaginou estava correto?

☐ SIM ☐ NÃO

4 Veja a história em quadrinhos e depois responda às questões.

a) Por que você acha que o Cebolinha está se desfazendo de alguns brinquedos?

☐ Porque não gosta mais deles.

☐ Porque cansou de brincar com eles.

☐ Porque estão velhos.

☐ Porque quer novos brinquedos.

b) Cebolinha vai comprar brinquedos novos?

_____
_____

c) Se ele não fosse a uma Feira de Trocas de Brinquedos, o que aconteceria com o que ele quer se desfazer?

_____
_____

d) O que você acha de uma Feira de Trocas de Brinquedos?

_____
_____

e) Você tem brinquedos que gostaria de trocar?

_____
_____

EU GOSTO DE APRENDER

Nesta lição você viu que:
- Tudo que usamos é feito com um tipo de material extraído da natureza.
- Os objetos podem ser feitos de areia, madeira, plástico, metal, papel.
- Há muitos objetos que misturam mais de um material.
- Os objetos consumidos podem, em vez de irem para o lixo, ser reaproveitados para fazer novos materiais.

1 Vamos fazer um robô reaproveitando materiais. Selecione, dos materiais que você usa, aqueles que servem para a elaboração do robô.

a) Quais as principais partes do corpo que o robô deve ter?

_____

b) Assinale a seguir quais tipos de materiais você usou para fazer o seu robô.

☐ PLÁSTICO ☐ MADEIRA

☐ METAL ☐ PAPEL

☐ TECIDO ☐ VIDRO

c) Por fim, dê nome ao seu robô.

_____

_____

EU GOSTO DE APRENDER MAIS

Diga não às sacolas plásticas

Poluição Plástica em **números** globais

- **500 bilhões a 1 trilhão** de sacolas plásticas são usadas a cada ano
- **1 milhão de garrafas** plásticas são compradas a cada minuto
- **50% dos plásticos** consumidos são usados uma única vez
- **13 milhões de toneladas** de plástico chegam aos oceanos a cada ano

ACABE COM A POLUIÇÃO PLÁSTICA | DIA MUNDIAL DO MEIO AMBIENTE | ONU meio ambiente

ONU

Cartaz de campanha da Organização das Nações Unidas sobre o problema ambiental gerado pelas sacolas plásticas.

    O cartaz que você acabou de ver traz várias informações sobre o que causa o consumo de sacolas plásticas e outros produtos de plástico para o meio ambiente.

    Ao que tudo indica, as sacolas plásticas que recebemos com as compras do supermercado, farmácia, mercadinho, lojinha são o tipo de plástico mais consumido pelos seres humanos na atualidade.

    E aceitá-las na hora da compra é uma decisão nossa. Se a compra é pequena, será que não cabe na bolsa ou até no bolso? Será que não podemos sair para as compras com as sacolas retornáveis e abrir mão da sacolinha plástica?

    Essas são decisões simples que podemos tomar no dia a dia para evitar que o plástico se acumule em todos os ambientes do planeta.

Adaptado da campanha "Saco e Saco", do Ministério do Meio Ambiente.

1 Na sua casa, há o consumo de sacolas plásticas?

_____

_____

_____

2 Que atitudes o texto indica como possíveis para a diminuição do consumo das sacolas plásticas? Marque com um **X**.

☐ Carregar na mão os produtos comprados.

☐ Colocar os produtos na bolsa ou no bolso quando se tratar de compras pequenas.

☐ Levar as sacolas plásticas que já tem em casa na hora da compra.

☐ Usar sacolas retornáveis para transportar as compras.

3 Pinte os quadrinhos anteriores o que você considera possível adotar na hora de acompanhar seus familiares nas compras. Escolha sua cor preferida para pintar.

4 Você acha que reduzir o consumo de sacolas plásticas é importante para o meio ambiente?

☐ Sim   ☐ Não

Coleção Eu gosto m@is

ALMANAQUE

OS CINCO SENTIDOS EM AÇÃO!

Cole os adesivos que estão no final do livro nos quadrinhos a seguir, conforme o modelo que indica como percebemos o caju:

	VISÃO	OLFATO	TATO	PALADAR	AUDIÇÃO
caju	👀	👃	✋	👄	
cachorro					
violão					
telefone					
pipoca					
salada					

VIVO, NÃO VIVO?

Observe a ilustração e identifique os elementos da natureza que encontramos nela, separando no quadro os seres vivos dos elementos não vivos.

SERES VIVOS	ELEMENTOS NÃO VIVOS

Parte integrante da Coleção Eu gosto m@is – Ciências 1º ano – IBEP.

VOCÊ CUIDA BEM DO SEU CORPO?

Cole os adesivos do final do livro nas atividades que você realiza diariamente.

Lavar as mãos, principalmente antes das refeições.

Alimentar-se com verduras, frutas e legumes.

Escovar os dentes pelo menos três vezes ao dia.

Dormir à noite no mínimo 8 horas.

Fazer atividades físicas.

Tomar banho todos os dias.

ALIMENTAÇÃO

Veja os alimentos a seguir e assinale aqueles que você considera saudáveis.

ALMANAQUE

Você sabia que beber água é importante para a saúde do corpo?
Você já bebeu água hoje?

Parte integrante da Coleção Eu gosto m@is – Ciências 1º ano – IBEP.

Para saber os alimentos importantes para nossa saúde, troque os símbolos por letras.

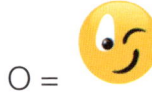

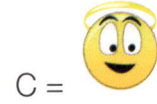

A = 　　E = 　　I = 　　O = 　　U =

C = 　　D = 　　F = 　　G = 　　L =

N = 　　R = 　　S = 　　T = 　　V =

O QUE OS RÓTULOS E AS EMBALAGENS DIZEM

Pesquise em embalagens de biscoito salgado, de iogurte e de barra de cereal alguns dados importantes sobre o alimento.

DADOS SOBRE O ALIMENTO			
	DATA DE VALIDADE	INGREDIENTES DE ORIGEM ANIMAL	INGREDIENTES DE ORIGEM VEGETAL
Biscoito salgado			
Iogurte			
Barra de cereal			

ALMANAQUE

LIXO NO LIXO!

Observe as fotos a seguir e pinte os quadrinhos de:
- verde: atitudes corretas em relação ao lixo;
- vermelho: atitudes não corretas em relação ao lixo.

OS MATERIAIS QUE NOS CERCAM – JOGO DA MEMÓRIA

- Recorte as peças do jogo da memória. O propósito é associar o objeto com o material de que ele é feito.

MADEIRA	PLÁSTICO	PLÁSTICO
VIDRO	TECIDO	BARRO
PAPEL	MADEIRA	METAL
VIDRO	METAL	MADEIRA
PLÁSTICO	TECIDO	PAPEL

ALMANAQUE

Parte integrante da Coleção Eu gosto m@is – Ciências 1º ano – IBEP.

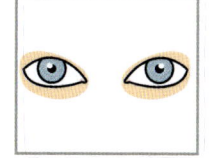

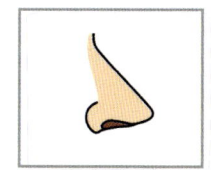

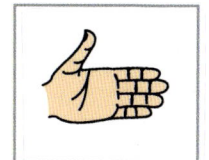

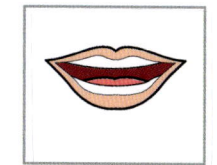

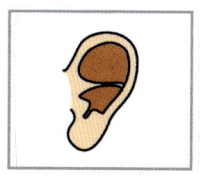

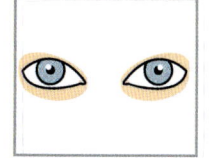

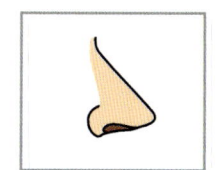

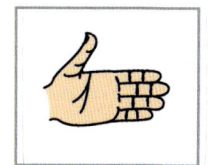

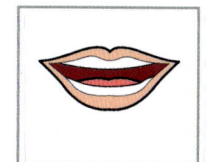

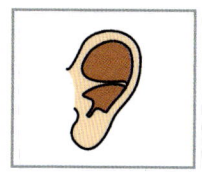

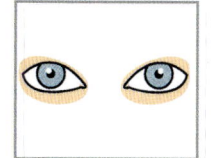

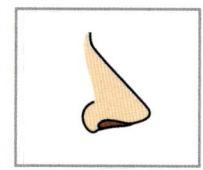

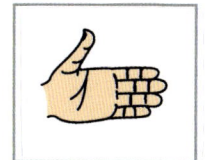

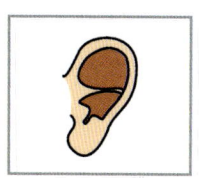

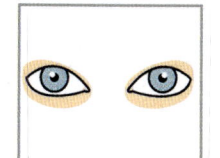

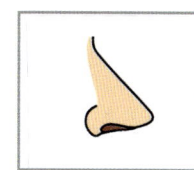

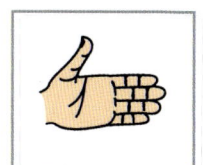

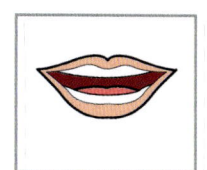

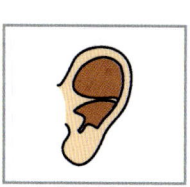

Adesivos para colar na página 90.

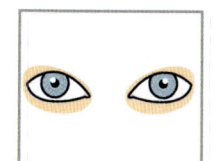

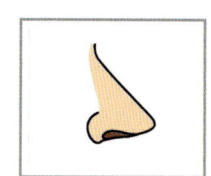

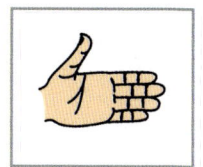

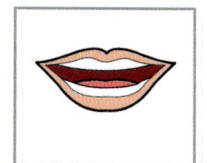

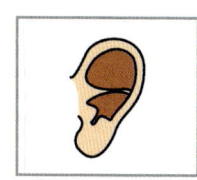

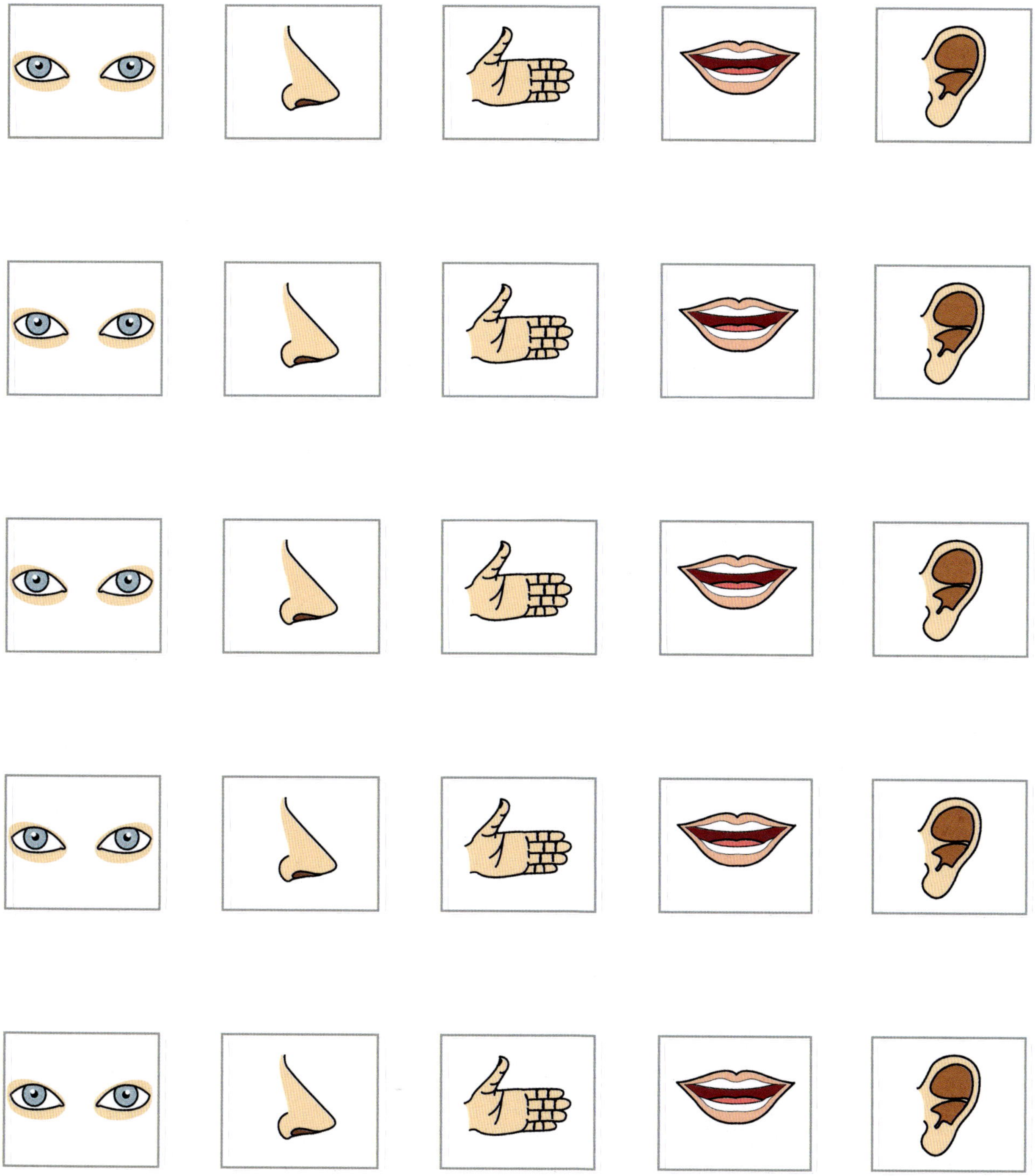

ADESIVO

Parte integrante da Coleção Eu gosto m@is – Ciências 1º ano – IBEP.

Adesivos para colar na página 92.

Fotos: David De Lossy/Jorge Salcedo/H1-studios/Monkey Business Images/Vasiliki Varvaki

Parte integrante da Coleção Eu gosto m@is – Ciências 1º ano – IBEP.

Adesivos para colar na página 78 e 79.

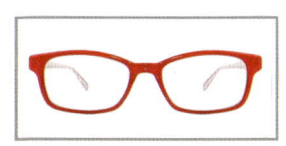

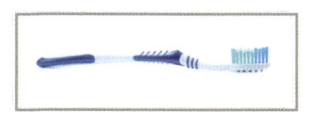

ADESIVO